AF243527

LES
ÉLECTIONS DANS MAINE-ET-LOIRE
EN 1885

APERÇU GÉNÉRAL.
COUP D'ŒIL D'ENSEMBLE. — OÙ ALLER ?
DIGRESSION. — FORCE DES PARTIS.
CANDIDATURES PROBABLES.
CONCLUSION.

Prix : 40 Centimes

EN VENTE

CHEZ TOUS LES LIBRAIRES DU DÉPARTEMENT

AOUT 1885

(REPRODUCTION INTERDITE)

LES
ÉLECTIONS DANS MAINE-ET-LOIRE
EN 1885

APERÇU GÉNÉRAL.

COUP D'ŒIL D'ENSEMBLE. — OÙ ALLER ?

DIGRESSION. — FORCE DES PARTIS.

CANDIDATURES PROBABLES.

CONCLUSION.

Prix : **40** Centimes

EN VENTE

CHEZ TOUS LES LIBRAIRES DU DÉPARTEMENT

AOUT 1885

(REPRODUCTION INTERDITE)

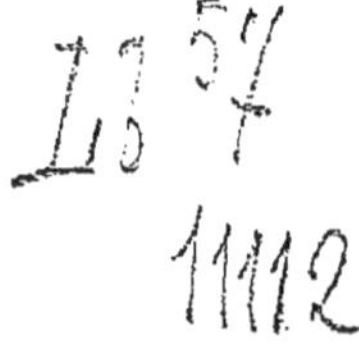

LES
ÉLECTIONS DANS MAINE-ET-LOIRE
EN 1885

« Oh ! le vilain temps que le nôtre ! Malheur, malheur à nous d'être nés dans ce siècle-ci ! Pauvre époque, où vas-tu et qui te mène ? As-tu donc, comme ces tristes enfants des contes de Perrault, de mauvais parents qui te conduisent dans les bois, afin de t'y égarer ? »

(Mme DE GIRARDIN.)

Celui qui écrit ces lignes n'a pas d'opinion politique. Il en a eu ; il n'en a plus. Il désespère de son pays.

Revenu de bien des illusions sur les hommes et les choses de son temps, il vient, à la veille des élections qui se préparent, jeter un coup d'œil rapide — qu'il cherchera à rendre aussi impartial que possible — sur la situation véritablement lamentable faite à notre pays par les événements qui s'y sont succédés depuis bientôt quinze ans.

I.

Aperçu général.

Quinze ans ! Il y a ce temps, en effet, que la République dure. Elle va bientôt atteindre, sinon dépasser, en longévité le premier Empire, le gouvernement de la Restauration, le régime de Juillet, l'empire de Napoléon III.

Personne n'en voulait d'abord ; elle s'impose, en quelque sorte, aujourd'hui. Est-elle, malgré cela, de nature à plaire à tous ? Hélas ! non.

Mais la faiblesse des partis qui lui disputent la place — bien platoniquement — est telle qu'on peut dire, sans crainte de se tromper, qu'elle aborde les élections de 1885 avec tous les atouts en main. Il n'y a que les fautes qu'elle pourrait encore commettre qui la mettraient à bas ; mais la France a si bien accepté ou subi, jusqu'à présent, toutes celles qu'il lui a plu de faire, qu'il ne lui en reste que très peu à commettre.

Où aller, d'ailleurs, et par qui la remplacer ?

Les impérialistes et les orléanistes sont à ce point divisés qu'en admettant même que les hésitants du parti catholique — encore aujourd'hui nombreux — aillent aux uns ou aux autres, les chances respectives des uns et des autres n'en paraîtraient pas plus fortes. Les cléricaux, d'ailleurs, puisque c'est ainsi qu'on les nomme, n'aiment guère plus les « voltairiens » de 1830 que les « catholiques sincères » du second Empire. Et puis le pays est affolé. Bien des gens crient : Vive la République ! sans savoir pourquoi, qui ne crieraient plus : Vive le Roi ! ou : Vive l'Empereur ! C'est un signe du temps. Cela humilie de crier : Vive quelqu'un !

Un coup de force pourrait seul rendre le pouvoir aux bonapartistes. Mais ce coup de force n'est pas facile à tenter, lorsqu'on ne dispose plus ni de la police ni de l'armée. Les orléanistes sont incapables de rien faire, eux et leurs princes. Ils sont bien décidément jugés. Ne prétendaient-ils pas, jadis, que le comte de Chambord était le seul obstacle au rétablissement de la Monarchie en France, et que s'il abdiquait ou mourait, six mois après la République serait à bas ? Ce sont des généraux sans soldats. Ils savent d'ailleurs où le bât les blesse, monarchiquement parlant, et sont absolument convaincus qu'ils ne peuvent satisfaire personne à droite, sans aussitôt blesser quelqu'un à gauche. Ils savent aussi qu'ils n'ont pas de sympathies dans le pays, où nul ne comprend la manière de faire de leurs princes. Tous les officiers supérieurs qui, dans l'armée, avaient connu ces derniers de 1830 à 1840 sont aujourd'hui morts ou passés à la République. Ne leur avait-on pas dit, à la première de ces deux dates, que Louis-Philippe était la meilleure de toutes ? La France, d'ailleurs, serait encore plutôt susceptible d'un réveil napoléonien, que du moindre enthousiasme doctrinaire.

Mais les bonapartistes qui suivent la bannière du prince Jérôme — les seuls logiques, après tout — se rapprochent tellement aujourd'hui des hommes de la gauche, qu'on peut se demander si c'est bien un régime monarchique qu'ils rétabliraient le cas échéant, et s'ils ne doteraient pas plutôt la France d'une sorte de gouvernement électif ressemblant beaucoup à ce que nous avons, avec M. Grévy en moins et un Napoléon en plus sur le fauteuil présidentiel, devenu le trône impérial. La désunion apparente du père et du fils ne serait, paraît-il, que factice, et les électeurs qui compteraient sur eux pour rétablir en France un gouvernement absolument différent de la République, risqueraient fort de se tromper.

De même il serait téméraire de faire fond sur les orléanistes pour rétablir la vraie Monarchie en France. Ils sont infestés de ce que les légitimistes nomment le faux libéralisme. Révolutionnaires ils ont été — révolutionnaires ils sont — révolutionnaires ils resteront. Il n'y a pas un républicain un peu en vue dans les Chambres qui n'ait été orléaniste, et tous les républicains soi-disant modérés, comme les Léon Say, les Casimir Périer, les Jules Simon, ont été et redeviendraient orléanistes. Quelle Monarchie nous feraient ces gens-là, sinon une Monarchie où le roi, plus que jamais, régnerait certainement mais ne gouvernerait pas ?

J'ajoute que ceux des légitimistes qui se sont ralliés au comte de Paris, avec cette réserve tacite que ce dernier accepterait le programme du comte de Chambord en même temps que son héritage, voient bien aujourd'hui à quel point ils se sont trompés et ont été trompés. Ils disent très haut, avec leur honnêteté native, qu'en admettant même la légitimité du petit-fils de Louis-Philippe — que quelques-uns contestent — cette légitimité devient lettre morte du moment que les princes d'Orléans acceptent la souveraineté du peuple, qui est la négation même de la Monarchie.

Où aller alors, encore une fois ? Que faire, que devenir ? Pour qui voter aux élections prochaines ? Vers quel port de salut se diriger ?

Ce sont là de graves questions qu'il n'est pas facile de résoudre et qui ne préoccupent peut-être pas assez le pays, à
la veille de ces élections de 1885 qui ne changeront absolument rien — j'en ai peur — à la situation actuelle, et qui
nous vaudront — je le crains — une Chambre à peu près
semblable à celle que nous avons, avec une nuance un peu
plus accusée sans doute dans le sens radical.

Examinons ces questions qui vont passionner le pays
d'ici à quelques semaines, et parlons d'abord des forces
respectives des partis.

II.

Etat présent des partis.

Mais d'abord, je me sers là d'une expression qui n'est
peut-être pas juste.

Le pays est-il encore susceptible de se passionner pour
quelque chose ou pour quelqu'un ? On peut en douter.

Oui, si l'on se place sur le terrain des rivalités locales et
des petites jalousies individuelles ; non, si l'on tient compte
de l'état déplorable *d'indifférentisme* politique — si je puis
ainsi parler — dans lequel vit la France, depuis que tant
de révolutions et de changements successifs lui ont fait
perdre le sens et surtout le bon sens.

Le dévouement à une idée, à un principe, à un homme
n'existe plus. L'attachement dynastique est mort, bien mort.
Il a fini avec le comte de Chambord, la dernière grande
figure peut-être des temps modernes. Henri V aura enterré
avec lui la Monarchie et il l'aura enterrée dignement. Il
avait des fidèles, ce prince qui forçait l'admiration du monde
entier, parce qu'il savait se montrer vraiment roi et soucieux
avant tout de l'honneur du principe qu'il représentait. Sa
petite armée se serait fait tuer pour lui ; on admirait le
prince, on aimait l'homme ; cette armée comptait même
dans le Midi et dans l'Ouest des populations entièrement
royalistes qui eussent acclamé son drapeau blanc ; les jours
de bataille électorale, il faisait un signe et tout le monde
allait au combat. De là ces luttes affrontées avec tant de

vaillance par des hommes qui savaient parfaitement qu'en allant à la bataille ils seraient vaincus — mais qui n'ignoraient pas non plus qu'en le faisant, ils tentaient œuvre vraiment royaliste et emporteraient, même dans la défaite, l'estime de leurs adversaires.

Si la France repoussait Henri V, c'est que la France, il faut le dire, gangrenée de révolutions dans les hautes classes, imbue de préjugés dans les classes moyennes, absolument pervertie par les prédications subversives dans les classes inférieures, sentait bien qu'elle n'était pas digne de lui.

Après lui, à côté de lui — après les légitimistes — venaient, comme importance politique, les impérialistes. Eux aussi, à leur manière, avaient un fétiche. Ils rêvaient l'alliance de deux choses qui s'excluent : l'hérédité et la souveraineté du nombre. Encore y avait-il dans leurs rangs des hommes susceptibles de dévouement sinon au principe, qui ne tient pas un seul instant debout si on le discute, du moins à la famille en qui se personnifiait le principe.

Le mal que les impérialistes ont fait à la France, sans le vouloir peut-être, en surexcitant les têtes, en exaltant de folles doctrines, en détachant de la Monarchie vraie des hommes qui étaient faits pour la servir, en flattant la démocratie, en persécutant l'Eglise de Rome, en exagérant les goûts de luxe à l'intérieur, en s'unissant à la Révolution et en s'en servant au dehors, a été si cruellement expié, d'abord par la triste fin de Napoléon III et ensuite par la fin plus navrante encore de son fils, que je ne me sens pas le courage de revenir sur des appréciations dix fois faites. Encore une fois, je ne nie pas qu'il ne subsiste au fond des campagnes un reste de sympathie et d'admiration, non raisonnée peut-être mais réelle, pour cette famille des Napoléons qui a donné jadis à la France un si grand prestige ; mais combien, parmi les bonapartistes, inconscients ou non, se dévoueraient aujourd'hui pour elle, risqueraient leurs fortunes et leurs vies ?

Et puis les hommes manquent, qui pourraient prendre la place dans ce parti des Saint-Arnaud, des Morny, des Fleury s'il s'agissait de revenir par la force, et celle des

Billault, des Rouher, des Baroche, des Haussmann s'il fallait, une fois l'Empire restauré, le faire vivre.

Je vois, d'autre part, les fidèles du prince Napoléon en désaccord complet avec ceux de son fils ; et, en admettant même que l'entente se fasse au dernier moment entre le père et le fils, je me demande si l'union pourra jamais s'établir entre les Lenglé, les Rendu, les Pascal, les Maurice Richard — les militants de l'heure présente — et M. Paul de Cassagnac, le plus dévoué de tous peut-être à la cause, mais qui a dit malheureusement un jour que jamais, pour sa part, il ne se rallierait au prince Jérôme.

Ce dernier, à tort ou à raison, est déconsidéré. Très fort, comme intelligence, il ne mérite peut-être pas, sous certains rapports, l'ostracisme dont on le frappe. Je sais d'ailleurs des gens qui le vilipendent et qui, si demain il était au pouvoir, iraient lui faire des courbettes. Mais enfin on le traite, dans les rangs même du parti bonapartiste, en bouc émissaire. Peut-être n'a-t-il fait ni plus ni moins que n'avait fait Louis-Napoléon avant de s'appeler Napoléon III ; c'est un détail. Sa personnalité répugne au plus grand nombre. Le fils est un homme de plaisir qui n'a pu encore donner la mesure de ce qu'il est ou de ce qu'il sera. Avec cela, l'Eglise ne les tient ni l'un ni l'autre pour héritiers légitimes de Jérôme Bonaparte, frère de Napoléon Ier, puisque jamais le Pape n'a voulu casser le premier mariage de celui-ci avec Mademoiselle Paterson.

Du côté des orléanistes les chances de relèvement du pays par le principe monarchique sont-elles plus grandes ? Je ne le pense pas. J'aimerais même mieux, pour ma part, un troisième Empire, si démocratique fût-il, qu'un second régime monarchique renouvelé de 1830, dans lequel tous les inconvénients de la République se verraient et ne seraient primés par aucun des avantages de la Monarchie. Ce clan orléaniste ne me dit rien qui vaille. Il est d'avance frappé d'impuissance. Il y a même une sorte d'immoralité à voir ces fils de Girondins ou de régicides — Girondins eux-mêmes — obtenir le pouvoir dans un pays où ils ont été les premiers, eux ou leurs pères, à saper tous les principes monarchiques. Il n'y a chez eux ni générosité chevaleresque ni abnégation. Ce sont des gens d'affaires, de discussions et de rancunes. Ils seront surpris du petit nombre de voix qu'obtiendront leurs candidats là où il n'y aura pas eu entente, c'est-à-dire sacrifice de dignité, soit avec le centre gauche, soit avec les impérialistes.

Et puis je l'ai dit déjà, l'appui populaire leur manque. Dans les départements où la vieille influence légitimiste subsiste, on verra comment les voix se partageront entre les candidats bonapartistes et les leurs. Les légitimistes plus ou moins ralliés les tiennent en suspicion. Je parle des vrais royalistes ; car pour ceux à qui pesait une trop longue inactivité et qui trouvaient le temps long à ne rien être dans le gouvernement, et surtout à ne rien obtenir de lui, ce sont des recrues toutes trouvées soit pour l'orléanisme, soit pour la République.

Quant à l'entente loyale des hommes de la vraie droite avec ceux de la demi-droite ou de la demi-gauche, c'est un leurre. Chacun, au fond, se retrouvera le jour du vote avec ses antipathies, ses préférences ou ses haines. C'est pitié de voir d'aussi mortels ennemis chercher à s'unir.

En effet, s'il est un fait constant, avéré, c'est que ce sont les orléanistes qui ont empêché la Monarchie de se faire une première fois à Bordeaux en 1871, une seconde fois à Salzbourg en 1873. Partout où il y avait une élection et une candidature royalistes du temps du comte de Chambord, c'était toujours l'hostilité avouée ou occulte d'un orléaniste qui venait paralyser les meilleurs efforts. Comment espérer, après cela, que des hommes qui se sont toute leur vie combattus, reniés, repoussés, marcheront d'accord ? Aussi ne marchent-ils pas. Ils se réunissent bien, essaient de former des comités électoraux, parlent même de s'unir aux bonapartistes là où ceux-ci ne sont pas les plus forts ; mais le jour où il s'agira de faire et de signer un programme commun, le désordre de la tour de Babel apparaîtra ! On ne parlera plus la même langue ; déjà dans certains départements on ne la parle plus. On se débarrasse des vrais royalistes. Et puis M. le comte de Paris, qui paraît être le contraire d'un homme d'action, est lui-même sans autorité. Comment en aurait-il, puisqu'il ne revendique même pas son titre de prétendant? Il est moins connu encore que ne l'était M. le comte de Chambord et ne paraît être apprécié que d'un petit nombre de familiers que des souvenirs divers retiennent ou attirent autour de lui. Qu'est-il au fond? Bien habile serait celui qui le dirait et surtout le saurait (1). Il ne se pose pas en roi, préfère avant tout rester en France, ne rédige ni programme ni manifeste ; c'est un sphinx. On en est réduit alors à le juger d'après son passé. Or, n'a-t-il pas dit un jour que son ambition serait de devenir le citoyen libre d'une libre république? Il l'est, qu'il reste tel; mais alors qu'il ne laisse pas ses partisans insinuer qu'il aspire à la couronne de France ! Toutes ses déclarations, ses écrits, le peu de paroles qu'on a pu lui arracher, prouvent assez qu'il entend rester fidèle au testament de son père, lui recommandant surtout de demeurer « le serviteur passionné de la Révolution », et au testament de sa mère, l'adjurant de ne pas méconnaitre les prescriptions de son père. Qu'il reste bon fils, respectueux des recommandations paternelles

(1) Dans une lettre adressée au comte Roger du Nord, laquelle fit assez de bruit dans le temps, M. le comte de Paris disait :

« Je resterai fidèle aux principes de conduite qui m'ont été tracés *par le « testament de mon père*. Je ne me séparerai jamais du grand parti libéral qui, « en 1830, a appelé mon grand-père au gouvernement constitutionnel de la « France. »

Dans une autre lettre adressée à M. Elsingre, M. le comte de Paris disait encore :

« Quant à moi, je sais déjà que *je suis infiniment plus républicain* que nos « amis, c'est-à-dire que je n'ai aucune répugnance pour cette forme de gou- « vernement. »

M. le duc d'Aumale, chef effectif de la famille d'Orléans, n'a-t-il pas écrit ceci, dans sa circulaire aux électeurs de l'Oise : « Dans mon passé, dans *les « traditions de ma famille*, je ne trouve rien qui me sépare de la République. »

On sait enfin que M. le prince de Joinville, député, a voté la République, ce qui faisait dire à la *Gazette de France*, le 25 février 1875 : « Quelle triste « ironie! C'est d'accord avec M. Jules Favre que M. Bocher fait la République, « que vote le prince de Joinville, un prince du sang !... » — « un prince du « sang d'Egalité », riposta le lendemain un journal de gauche. Tout le monde sait aujourd'hui que la République ne fut votée par le centre droit qu'en haine d'Henri V et pour empêcher son avènement; or, elle ne fut votée qu'à une voix de majorité.

et maternelles, c'est très bien, je n'y contredis pas ; mais
encore une fois comment espérer rallier, dans cette situation, les vrais royalistes qui prisaient surtout cette grande
parole d'Henri V : « Je ne veux pas être le roi de la Révolution (1) ?» Vienne une heure de succès pour Louis-Philippe II,
qualifié ou non ainsi — ou encore du nom de Philippe VII —
une opposition de droite se dresserait immédiatement devant lui, plus forte, plus implacable, plus logique mille
fois que celle de gauche momentanément étouffée. La chute
du nouveau régime ne se ferait pas longtemps attendre et
ce serait une nouvelle révolution pour la France (2).

III.

Où aller ?

Où aller, alors ? — Toujours la même question.
Nulle part, peut-être.
J'imagine que celui qui mettrait sur des petits papiers

(1) Dans son testament en date du 9 avril 1840, M. le duc d'Orléans, parlant
du comte de Paris, dit : « .... Il faut qu'il soit, *avant tout*, un homme de son
« temps et de sa nation, qu'il soit catholique et *serviteur passionné et exclusif*
« de la France et de la Révolution. »

Dans son testament en date du 1er janvier 1855, Mme la duchesse d'Orléans
dit :

« ... Que mes fils restent *fidèles* aux préceptes de leur enfance ; qu'*ils res-*
« *tent fidèles aussi à leur foi politique*.... Que la France *constitutionnelle*
« puisse compter sur eux.... Ils se souviendront toujours des *principes polili-*
« *ques qui ont fait la gloire de leur Maison*, que leur aïeul a *fidèlement* servis
« sur le trône et que leur père — son testament en fait foi — avait adoptés
« *avec ardeur. Ces dernières dispositions ont été la règle de leur éducation. »

(2) Certains royalistes ralliés ayant soutenu que M. le comte de Paris,
homme religieux, n'était pas ce qu'on pensait et saurait bien se placer hardi-
ment sur le terrain anti-révolutionnaire, le *Mémorial d'Amiens*, journal avant
tout dévoué aux intérêts orléanistes, répondit :

« Il faut vraiment posséder une fière dose d'aplomb pour chercher *à faire*
« *croire* qu'un prince *libéral et progressiste*, comme M. le comte de Paris, se
« transformerait *en roi clérical et réactionnaire* le jour où la grâce de Dieu et
« la volonté nationale l'appelleraient au trône... Quel a été, de tous temps, *le*
« *rôle et la raison d'être historique* de la Maison d'Orléans, sinon précisé-
« ment de combattre *les doctrines* auxquelles certains politiciens ne désespè-
« rent pas encore de nous ramener ? »

les noms de tous les candidats aux prochaines élections, et qui en tirerait au sort autant qu'en comporte la liste de son département, ferait une œuvre sage. Le hasard parfois peut devenir un grand maître.

D'ici à longtemps encore, les gouvernements de fait seront les seuls possibles en France. Autant celui-ci que celui-là, et celui-là qu'un autre.

Raisonnons, en effet.

Ou la République tiendra, ou elle sombrera. Il est évident que si elle tient, il faut faire son deuil de toutes vos vieilles idées sociales, économiques, religieuses, etc. C'est une ère nouvelle qui commence pour notre nation. Le nombre est là, la masse aussi, qui commandent ; il faut savoir s'incliner ! Pourquoi, Messieurs les conservateurs, avez-vous fait ou laissé faire tant de révolutions ? Pourquoi n'avez-vous pas su saisir la branche de salut que la Monarchie légitime, en dernier lieu, vous offrait ? Je ne vous plains pas du tout : *Patere legem quam fecisti.*

Si elle sombre — la République — il est tout aussi évident que ce ne sera qu'après des catastrophes dont nous n'avons aucune idée, catastrophes auxquelles nous touchons peut-être, mais qui peuvent encore être fort éloignées. Ce ne sont pas les mesures illibérales ou antifrançaises qu'elle pourrait prendre qui la tueront. Ces mesures, on les prendra ; le pays les acceptera. Ainsi, la séparation de l'Eglise et de l'Etat sera certainement subie, comme l'ont été les décrets, la loi d'enseignement, la réforme de la magistrature. Seules, les poules atteintes crieront ; les autres protesteront, réclameront, feront glou glou pendant une heure ou un mois, et puis se tairont ! Qui sait d'ailleurs si le clergé, avec la situation humiliante et précaire qui lui est faite, n'accéderait pas plus volontiers qu'on ne croit à cette séparation si la moindre indemnité, après tout bien légitime, lui était accordée ? Ce serait plus digne, certainement. L'impôt sur le revenu sera, lui aussi, décrété. Mais comme il atteindra surtout les riches, les foules ne diront rien, et les riches — quelle amère ironie pour beaucoup que cette qualification, aujourd'hui ! — supporteront cela comme il leur a bien fallu supporter déjà la ruine de leurs propriétés terriennes.

Ce n'est pas tout cela qui fera tomber la République. Elle ne sombrera que si elle en arrive tout-à-fait « à l'imbécillité et au sang comme le disait M. Thiers, un malin qui a su tirer son épingle du jeu de son vivant (et la tire encore après sa mort, puisqu'il a des statues), et qui doit bien rire, là-haut ou là-dessous, s'il envisage avec sa lucidité d'esprit ordinaire les conséquences qu'a eues sa fameuse phrase : « L'insurrection est le plus saint des devoirs ! » prononcée justement aux acclamations orléanistes en 1830 !

Ce jour-là — le jour où la République serait devenue pillarde, sanguinaire, digne de son aînée de 93 avec cette différence qu'elle aurait encore pris plus de biens que coupé de têtes — il est certain qu'elle pourrait finir ; mais ce n'est ni aux orléanistes ni aux impérialistes, reconnus responsables de bien des méfaits, que la France s'adresserait pour la sauver ; non, ce serait à la Monarchie vraie, entourée de son vieux prestige et de toutes ses garanties de durée. Qui sait alors si le pays ne serait pas heureux de reprendre cette vieille souche des Bourbons d'Anjou, aujourd'hui si dédaignée et en qui se retrouve après tout le sang direct de Louis XIV ?

Changer maintenant de régime pour aller soit à l'Empire plébiscitaire, soit à la Monarchie révolutionnaire, c'est faire une chose au moins inutile et peut-être dangereuse, puisque nous resterions toujours dans le même cercle vicieux et que nous ne reculerions guère que pour mieux sauter.

Les orléanistes reprendraient-ils, par exemple, cette loi d'enseignement, qui est une grande iniquité en même temps qu'une criante injustice ? Non, n'est-ce pas. Ils ne le pourraient guère, après le livre du comte de Paris sur les *trades-union* (1).

<hr>

(1) A propos de l'enseignement public, M. Hervé, directeur du *Soleil,* disait un jour dans ce journal, dont on connaît les accointances :

« Il est question de réclamer pour le conseil supérieur de l'instruction publique le droit d'initiative ainsi que la publicité des séances. *Ce sont deux*

Rendraient-ils le Panthéon au culte, après le décret de Louis-Philippe enlevant une première fois l'église Sainte-Geneviève aux catholiques pour la donner aux grands hommes — et quels grands hommes ! — le 26 août 1830 ? Non encore.

Feraient-ils abattre la colonne élevée, place de la Bastille, à l'insurrection triomphante ? Non toujours, puisque c'est le Génie de la liberté de Juillet qui parade là-haut.

Accepteraient-ils le *Syllabus,* que la plupart de ceux qui en parlent ne comprennent pas ou comprennent à rebours, et qui est bien, au point de vue catholique, la plus magnifique exposition de doctrines qu'on puisse imaginer ? Non mille fois.

Enfin, pour ne pas prolonger des interrogations bien inutiles, baseraient-ils leur pouvoir sur la Monarchie représentative ou bien sur je ne sais quelle Monarchie constitutionnelle renouvelée de 1830 ?

Encore une fois, pourquoi changer de régime, s'il s'agit de mettre simplement M. Casimir Périer à la place de M. Goblet, et M. le duc Decazes à la place de M. Brisson ? J'aime autant les deux derniers (1).

Notez que ce que je dis là des orléanistes, je puis aussi bien le dire des impérialistes. Ceux-là n'iraient pas non plus, que je sache, restaurer le pouvoir temporel du Pape ? Tant que le vote universel sera maintenu tel qu'il existe

« *demandes parfaitement justifiées.* Le conseil supérieur est une assemblée de « premier ordre, tant par sa composition et son mode d'élection que par l'im-« portance des questions qu'il est appelé à traiter. »

On sait quel rôle néfaste a joué l'Université sous la Monarchie constitutionnelle de Juillet. Ces lignes inspirèrent alors les réflexions suivantes à l'*Univers :* « Nous ne craignons pas de le dire. Si tel doit être le programme de la Mo-« narchie réparatrice, autant vaut garder la République. »

(1) Ceci est d'autant plus vrai que certaines personnes vous disent avec une insistance toute particulière, que l'objectif des anciens orléanistes est bien plutôt M. le duc d'Aumale que M. le comte de Paris. Ils voudraient faire du premier une sorte de président de République à vie — un stathouder, sous le gouvernement duquel ils pourraient mettre en pratique leurs théories quasi-monarchiques.

avec son organisation actuelle, rien ne se fera de bon, et n'importe sous quel régime les résultats seront identiques.

M. le comte de Chambord, qu'il faut toujours citer quand on veut réellement parler de reconstitution monarchique, avait, lui, tout un plan à proposer, contre lequel les soi-disant libéraux de toutes dates et de tous ordres se sont toujours élevés. Ce plan était admirable ; de plus il était logique. Il maintenait le vote universel, qui rappelle après tout, nos vieilles franchises nationales, mais à la base seulement et avec des restrictions telles que le pouvoir en lui-même ne pouvait jamais être atteint. L'ancienne Monarchie connaissait ce vote populaire à plusieurs degrés que réglait le bon sens. Qui ne sait qu'à Angers, comme dans bien d'autres villes et villages, il était mis en pratique dans nos contrées dès avant la Révolution ? Sur les questions locales, sur les affaires civiques, sur les choses d'impôts les élus du peuple avaient le droit de donner leur avis et souvent même d'imposer leur volonté ; mais sur les questions de gouvernement ils n'avaient plus voix au chapitre — et c'était sage. Gouvernez donc, avec cette souveraineté du nombre qui est bien la chose la moins sûre qu'on puisse imaginer, et qui, sans cesse en proie aux mauvaises passions qui l'agitent, est mobile comme l'onde !

M. le comte de Chambord reconstituait les anciennes provinces avec leurs éléments de vie et toutes nos vieilles libertés provinciales. Nous devenions quelque chose, nous autres provinciaux. Nous ne relevions plus uniquement de ce grand Paris, Minotaure qui nous dévore tous et dévore surtout nos consciences. Cette grande et désastreuse centralisation, due autant au moins au premier Empire qu'à la République, disparaissait, et chacun dans son milieu, dans sa ville, dans sa province, pour peu qu'il eût quelque valeur, était sûr d'être apprécié utilement. On ne se doute pas du coup fatal porté à l'esprit public, dans nos provinces, par cet embargo mis par Paris sur nos moindres capacités provinciales. C'est encore ce qui a tué l'amour du clocher qui, par plus d'un côté, ressemblait au patriotisme — lequel agonise, celui-là, s'il n'est mort déjà !

M. le comte de Chambord refaisait complétement l'éducation en France — l'éducation qui manque bien plus aujourd'hui partout que l'instruction, et qui, en effet, est entièrement à refaire. Il y donnait certainement une grande place à l'élément religieux, qui produisit jadis tant de fortes générations; mais il ne portait pas atteinte, comme le fait la République aujourd'hui, à la liberté de conscience.

Les orléanistes, les impérialistes, feraient-ils tout cela ? Non, certes ; ils ne pourraient ni ne le voudraient faire. Alors, gardons la République qui suffit à la besogne ! Avec les orléanistes on se disputerait, on ergoterait sur les questions de détails. On vivrait de concessions faites ou à faire au faux esprit de libéralisme. On crierait : Vive la Charte ! tout en la démolissant, et un beau jour on se réveillerait en pleine révolution nouvelle de Février, avec M. Jules Simon jouant une fois de plus les Odilon Barrot.

Avec les impérialistes nous verrions d'abord le principe d'autorité un peu mieux défendu peut-être, mais tout aussi impuissant à conserver quelque chose de stable, parce que la même centralisation abusive faisant encore des siennes, les mêmes faiblesses pour la démocratie en vue d'attirer les masses, se reproduisant — et, la même loi d'enseignement ne nous élevant pas de générations meilleures, — nous aurions toujours la Révolution même en perspective !

Ah ! ce n'était pas seulement un homme ou un régime qu'il s'agissait naguère de préférer à tel autre homme, ou à tel autre régime; c'était un système. Henri V, qui valait tant, sous bien des rapports, valait surtout par son principe. On n'a pas voulu comprendre cela : tant pis ! Nous voici, j'en ai peur, condamnés à jamais à la République.

Le système de cette dernière, ceux de l'Empire et de la Monarchie de Juillet ont duré quinze ans ; celui de la vieille Monarchie a duré quinze siècles. Comparez et jugez (1) !

(1) Au congrès légitimiste qui s'est tenu à Paris, dans les premiers jours de juillet dernier, un orateur a rappelé ce jugement terrible de Mgr de Salinis, évêque de Langres, sur les princes d'Orléans.

« ... Les d'Orléans sont à mes yeux la fatalité du pays. Ils ont le sang de
« Louis XVI sur le front, ils n'ont rien fait pour l'effacer : au contraire, ils ont

IV.

Digression.

Ici j'ouvre une parenthèse. Je ne viens pas offrir une panacée. Tout remède aujourd'hui serait inutile. La France est ivre, il faut bien qu'elle se dégrise. Cependant il se trouve peut-être une vaccine contre la République, tout comme on vient de trouver, paraît-il, une vaccine contre le choléra.

Lorsqu'on insinue que si jamais le pays désabusé, désillusionné de la République revient à des idées plus saines, il pourrait bien reprendre la Monarchie avec les princes de la Maison d'Anjou, tout le monde sourit. « Ils sont impos-

« conspiré constamment contre leur cousin ; ils se sont identifiés avec le Vol-
« tairianisme, le protestantisme, la Révolution. Il y a deux Frances, c'est la
« mauvaise qui est la leur. Le jour où ils monteraient sur le trône, je croirais
« entendre sur notre malheureux pays, cet anathème du prophète : « *finis su-*
« *per te.* »

Il se peut que M. le comte de Paris ait atténué, en quelque sorte, la sévérité de ce jugement, par sa démarche à Frohsdorff, en 1873. Mais les orléanistes — il faut bien le dire — n'ont jamais approuvé cette visite, et l'ont même blâmée. Elle est d'ailleurs restée lettre morte, puisqu'elle n'a jamais été renouvelée depuis. A qui persuadera-t-on qu'une démarche de ce genre ne devait pas être suivie d'une visite générale de toute la famille ? La vérité est que M. le duc d'Aumale, l'âme de la branche d'Orléans, n'a jamais voulu aller saluer Henri V, et qu'il n'a pas même cru devoir aller s'incliner devant sa dépouille mortelle. « L'esprit orléaniste » est en lui, poussé à l'extrême ; et c'est cet « esprit » que redoutent surtout les légitimistes ralliés qui ne voient que trop, aujourd'hui où l'on veut les mener. Beaucoup se disent qu'il vaut mieux que la Monarchie ne se relève pas, plutôt que de la voir se relever *révolutionnairement.* N'était la question religieuse, combien de gens, à droite, eussent accepté la République après la mort de M. le comte de Chambord ? La grande faute des républicains, a été de courir sus à la religion et à ses ministres, depuis quinze ans. Ils se sont ainsi aliéné la partie la plus saine de. a population.

Les hommes de la vraie droite qui, toujours, avaient dit : Monarchie ou République, pouvaient, sans s'avilir, aller à cette dernière, du moment que, personne, au lendemain de Goritz, ne relevait le vrai drapeau monarchique. Combien, aujourd'hui, souffrent dans leur conscience, et se sentent le cœur serré à la pensée qu'ils emboîtent le pas derrière les d'Orléans ? Mais les républicains, en persécutant bêtement l'Eglise — le mot n'est pas de trop — ont eux-mêmes empêché le ralliement de se faire.

sibles », dit-on. Pas tant que cela. D'ailleurs, le mot impossible est-il donc devenu français ?

Je ne viens pas ici formuler une opinion ; je ne suis surtout l'interprète de personne. Mais je dis, je soutiens que la proposition mérite au moins d'être examinée.

Si la République tient, encore une fois il est bien évident que personne ne pensera aux Bourbons d'Anjou pas plus qu'aux autres pour la remplacer. Mais si elle tombe, si d'un commun accord on entend dire partout : Raca! à la Révolution, il est évident que cette solution-là en vaudrait bien une autre (1).

Si don Carlos jouit d'une réputation, imméritée après tout — les gens de bon sens le savent bien — de chef de bandes arrêtant les diligences et les trains de chemin de fer, et s'il n'est pas aujourd'hui roi d'Espagne, grâce un peu à M. le duc Decazes déjà nommé, il n'en est pas moins le fils de son père — héritier direct de Louis XIV, celui-là — et père de son jeune fils mineur dont les droits, de par la loi salique, sont imprescriptibles.

A défaut de ceux-là — et don Carlos a déclaré pour sa part qu'il ne revendiquerait jamais le trône de France, ne voulant pas davantage renoncer à celui d'Espagne — il y a trente Bourbons de cette souche illustre dont plusieurs tenaient de bien près à M. le comte de Chambord, puisque le

(1) Un journal avait dit : « Nous savons positivement, aujourd'hui, que les
« princes de Bourbon-Anjou n'ont pas abdiqué ; il pourrait toutefois être inté-
« ressant de savoir aussi ce qu'ils abdiqueraient ? »

Le *Journal de Paris* lui a répondu ceci :

« Mais c'est tout simple et facile à dire. Si les aînés de la Maison de France,
« les descendants directs de Louis XIV, abdiquaient — ce que, grâce à Dieu, ils
« ne feront pas — ce ne pourrait être que leurs droits au trône de France,
« *droits qu'ils tiennent de leur naissance, en vertu de la loi salique ;* — droits
« que leur a *réservés* l'Assemblée Constituante ; droits que leur a formellement
« *reconnus* Louis-Philippe, duc d'Orléans, lorsqu'il écrivit au prince de Po-
« lignac que « leurs droits à l'héritage de Louis XIV *primaient ceux de ses*
« *propres enfants ;* » droits qu'a nettement affirmés à Goritz la préséance de
« ces princes sur les d'Orléans, aux obsèques d'Henri V ; droits confirmés
« par les démarches tentées, en ces douloureuses et solennelles circonstances
« auprès des aînés des Bourbons par les négociateurs chargés de leur faire
« signer une abdication expresse et explicite de ces droits. »

duc de Parme n'est autre que le fils de sa sœur adorée, fille elle-même de cette héroïque duchesse de Berry qu'a voulu déshonorer Louis-Philippe.

Ce ne serait ici ni le lieu ni le moment de rompre des lances en faveur de ces princes de la Maison d'Anjou qui priment incontestablement tous les autres, si l'on se place sur le terrain pur de l'hérédité monarchique. Le trône de France n'est pas vacant. La République le tient et ne semble pas disposée à l'abandonner. Seulement, voici ce qu'on peut dire. Il n'est douteux pour personne que si les princes d'Orléans n'arrivent pas maintenant ils n'arriveront jamais, d'autant plus que les chances des impérialistes augmenteront à mesure qu'on s'éloignera de Sedan. Or, autant il y a de probabilités pour que les Bourbons d'Anjou ne soient pas maintenant restaurés, autant il y a de possibilités — remarquez bien les mots dont je me sers — pour qu'ils le soient dans l'avenir, après la catastrophe finale qui nous priverait définitivement de la République. C'est la Monarchie chrétienne qui reviendrait avec eux, et tout ce qu'on nous offre aujourd'hui pour remplacer la République n'a de chrétien que le nom.

Je dis donc — j'insinue si vous le voulez — que si jamais la France revient à la raison, il y a là des princes et un système qui peuvent lui rendre le repos, la dignité, l'honneur ; et à ceux qui hocheraient la tête d'un air de compassion en me voyant tenir ce langage, j'opposerais le mot profond d'un célèbre homme d'Etat : « Tout ne se voit-il pas en France ? »

Lorsqu'on a vu ou pu voir, en moins d'un siècle, une monarchie décapitée dans la personne de Louis XVI — le plus vertueux des hommes — remplacée par un régime furibond qualifié de régime républicain ;

Lorsqu'on a vu un simple sous-lieutenant de Brienne devenir ensuite empereur ;

Lorsqu'on a vu ce même empereur forcé, après des vicissitudes inouïes, de céder la place aux vieux Bourbons, tout aussi inconnus alors en France que peuvent l'être maintenant les Bourbons d'Anjou ;

Lorsqu'on a vu la France — après quinze ans de prospérité sans pareille — renverser de nouveau la Monarchie légitime pour acclamer un parent félon et le qualifier de roi des Français ;

Lorsqu'on a vu ce régime de Juillet tomber ignominieusement sous les pavés de 1848 comme il avait été élevé sur les pavés de 1830, et le peuple crier encore une fois : Vive la République !

Lorsqu'on a vu cette République de 1848 sombrer après deux ans et la France s'adresser à qui ? au prince Louis-Napoléon, héros trop connu des échauffourées de Strasbourg et de Boulogne ;

Lorsqu'on a vu ce même peuple français — peuple de braves — acclamer à plusieurs reprises, cette fois, et par des millions de suffrages, ce même prince Louis, condamné jadis dans les Romagnes comme conspirateur, pour l'abandonner bien vite après Sedan et acclamer plus vivement encore, pour la troisième fois, la République ;

Lorsqu'on a vu — et lorsqu'on voit encore — quels hommes a mis au pinacle cette même République, à commencer par M. Grévy, président, qui ne voulait justement pas de présidence ;

Après avoir vu tout cela — et la Commune, et Gambetta, et l'exaltation de Victor Hugo — il faut, si l'on veut se montrer sage, se rappeler qu'il y a un vieil adage applicable à la France aussi bien qu'à d'autres pays qui défend de dire : « Fontaine, je ne boirai pas de ton eau (1) ! »

Revenons aux élections.

---

(1) Cette question des droits de la branche d'Anjou est plus grave qu'on ne croit. On objecte que Philippe V a renoncé pour lui et ses successeurs au trône de France. Mais un prince a-t-il le droit d'engager ainsi l'avenir ? Evidemment non. « Il n'y a point encore de loi reconnue, dit Voltaire dans le *Siècle de Louis XIV* et justement à propos des renonciations, qui oblige les descendants à se priver du droit de régner auquel auraient renoncé leurs pères. »

D'après le vieux droit français, les rois appartiennent aux peuples et non les peuples aux rois. C'est ce que soutint Mirabeau dans la discussion qui s'éleva, justement aussi à propos du projet de Constitution monarchique, devant l'Assemblée nationale. Des partisans de M. le duc d'Orléans voulaient que l'Assemblée prononçât sur l'hérédité de la branche d'Espagne au trône de

V.

Le département de Maine-et-Loire.

L'Anjou fut toujours un pays de lutte. Le département de
Maine-et-Loire était jadis le centre avoué de la résistance
à ce soi-disant esprit moderne dont l'essence même est la
révolution et l'irréligion. Son action politique n'avait d'égale
que dans le Morbihan, la Vendée, la Loire-Inférieure et les
Côtes-du-Nord. Là, sous Louis-Philippe, on avait fait une

France, faisant valoir et rapportant la renonciation faite par Philppe V. Non
seulement l'exclusion ne fut pas prononcée, mais encore la Constitution de
1791 contient une réserve formelle à cet égard. Il est dit (chapitre ii, section i,
De la Royauté et du Roi, article 1er) : « La royauté est individuelle et dé-
« léguée héréditairement à la race régnante, de mâle en mâle, par ordre de
« primogéniture, à l'exclusion perpétuelle des femmes et de leurs descendants.
« Rien n'est préjugé sur l'effet des renonciations dans la race actuellement
« régnante. »

Le duc du Châtelet avait résumé la question avec autant de clarté que de
précision, en traitant ces deux points : 1° Philippe V a-t-il pu renoncer à
la substitution fondée par la loi salique ? 2° Philippe V a-t-il pu priver la
nation du droit qu'elle avait sur lui et ses descendants ? et en les tranchant
négativement.

En fait, lorsque le duc d'Anjou alla prendre le trône d'Espagne auquel
l'appelait le testament de Charles II, ses droits éventuels et ceux de sa posté-
rité à la couronne de France étaient constants ; ils furent surabondamment
consacrés par des lettres patentes de décembre 1700, enregistrées en la Chambre des comptes et au Parlement de Paris. Mais la perspective de l'union
possible des sceptres de France et d'Espagne dans la même main avait
armé les puissances maritimes contre les effets du testament de Charles II, et
lors des négociations de Paris, après nos désastres, vers 1710, l'Angleterre
insista surtout pour que la première et principale clause imposée à Louis XIV
fût la séparation des deux couronnes. On sait avec quelle peine ce dernier
y consentit. Cependant la renonciation eut lieu. Or, elle était formellement
contraire au droit public du royaume. Le marquis de Torcy, ambassadeur,
avait en vain objecté à la cour d'Angleterre « qu'il n'y a aucune renonciation
qui puisse détruire la loi de succession monarchique ». Il ajoutait : « Si le roi
« d'Espagne renonce à son droit pour l'amour de la paix et pour obéir au roi
« son grand-père, ce serait le tromper et bâtir sur le sable que de recevoir
« une telle renonciation comme un expédient suffisant pour prévenir le mal
« qu'on se propose d'éviter. » Le ministre Bolingbroke comprit la gravité de
l'objection. On passa outre, néanmoins, et les renonciations furent faites.
L'Angleterre, comprenant certainement qu'un jour ou l'autre on les considé-
rerait comme nulles, voulut qu'elles fussent ratifiées par les Etats généraux.
Cette prétention fut repoussée. Louis XIV, contraint et forcé, a donc pu faire

guerre acharnée à l'usurpation. Plus tard, sous l'Empire, on ne se rallia que d'un œil au gouvernement établi.

Il est certain que, depuis la guerre, les idées de gauche ont germé dans notre département ; mais il est non moins positif qu'aujourd'hui encore la lutte est possible, en Maine-et-Loire, contre l'envahissement des doctrines républicaines et surtout des prédications anti-religieuses. Au profit de qui va s'exercer cette lutte ? Là est la question. Toutes les opinions avaient naguère et ont encore, dans nos contrées,

un acte d'absolutisme que lui imposaient les circonstances — et il faut lire les considérants de la déclaration du 13 mars 1713 pour comprendre à quel point la chose lui coûtait — mais cet acte ne saurait prévaloir contre notre droit public. Un prince peut évidemment abdiquer, mais il ne peut le faire qu'en vue de son successeur immédiat ; ce dernier, par le fait même de cette abdication, se trouve investi des mêmes droits que son prédécesseur.

La déclaration du prince de Condé — du même jour, 15 mars 1713 — prouve assez que le chef de cette branche de Bourbon n'admettait pas du tout la légitimité et surtout la légalité des renonciations. Cette pièce est curieuse à plus d'un titre. Elle dit :

« Le respect et l'obéissance que nous devons au roi nous ont obligé d'as-« sister au Parlement cejourd'hui, 15 mars 1713, où l'on a lu, publié et enre-« gistré les lettres patentes de S. M., données dans le même mois de mars de « l'année présente, qui admettent la renonciation faite par Philippe V, roi « d'Espagne, pour lui et ses descendants... révoquant et annulant d'autres « lettres patentes données au mois de décembre 1700, enregistrées au Parle-« ment le 1er février 1701, par lesquelles S. M. avait conservé le dit roi d'Es-« pagne dans les droits de sa naissance de la même manière que s'il avait « toujours fait sa résidence habituelle dans le royaume.

« Et comme il est notoire et public que, par la loi fondamentale de cet Etat, « le droit à la succession de la couronne ne dépend que de Dieu seul, qu'il ne « peut être altéré, ni changé par aucune puissance de la terre, pour quelque « cause ou prétexte que ce soit, et qu'il appartient successivement aux princes « de la Maison de France, à chacun suivant l'ordre et le rang de sa naissance, « en sorte que, par la mort du dernier possesseur de la couronne, elle est dé-« férée de plein droit à l'aîné de la branche aînée et plus prochaine de celui « qui est décédé, et que son successeur ne la tient point d'anciennes dispositions « de son prédécesseur, mais de Dieu seul et de la loi inviolable par laquelle « l'ordre successif à la couronne a été établi ; — nous avons cru qu'il est de « notre devoir, » etc., etc. (Suit la protestation qui se termine ainsi) : « Et afin que « ce soit chose notoire et certaine à toujours, nous avons pris la résolution de « rédiger la présente déclaration, signée au dos par deux notaires du Châtelet « de Paris, pour en rendre la date certaine et incontestable ; ce 13 mars 1773, « à 4 heures du soir. Signé : *Louis Henri de Bourbon.* »

D'ailleurs sur ce point de la renonciation de Philippe V, qui ne sait que si des représentants ; mais en dehors d'un noyau bonapartiste assez accusé il n'y a vraiment, en Maine-et-Loire, que des partisans de la Monarchie chrétienne — les républicains mis de côté, bien entendu.

Malheureusement les hommes néfastes — j'ai le droit de les appeler ainsi — qui, à la suite de M. de Falloux, et dès 1848, crurent devoir diviser le parti royaliste en Anjou, voient se produire aujourd'hui les conséquences forcées de leurs fâcheux agissements. Nous voici, grâce à eux — et

on la tient pour valable, il faut à bien plus forte raison encore accepter celle de Philippe-Egalité, venant en pleine Convention — et sans y être obligé par personne — déclarer qu'il renonçait à jamais, *pour lui et ses successeurs*, à tous droits éventuels au trône de France.

Il est incontestable que, sous l'ancienne Monarchie, on ne considérait pas les droits de la Maison d'Anjou comme périmés. On lit dans les mémoires du temps bien des anecdotes qui y ont trait. Mme de Beausset, parlant de la grave maladie que fit le Dauphin en 1752, s'exprime ainsi : « Je n'ai jamais vu le « Roi (Louis XV) si troublé que lors de la maladie de M. le Dauphin. Les « médecins étaient sans cesse chez Madame de Pompadour où le roi les inter- « rogeait. Quand son fils fut rétabli, le Roi dit : « Le Roi d'Espagne aurait eu « beau jeu ! » En cela il avait raison, et c'était justice. » On voit que Louis XV lui-même estimait que la mort de son fils ouvrait la route du trône de France aux Bourbons d'Anjou — et cela moins de 40 ans après le traité d'Utrecht.

L'Assemblée constituante réserva les droits de la Maison d'Anjou. Louis-Philippe ne les contestait pas ; — aussi se lança-t-il dans la Révolution, qui pouvait plus facilement un jour ou l'autre le faire arriver au trône.

M. de Tocqueville dit, à propos des renonciations : « ... En cas de mort de « Louis XV, la chance du duc d'Orléans serait devenue fort incertaine. Phi- « lippe V, abandonnant le trône d'Espagne aux enfants de son second lit et « revenant, comme duc d'Anjou et petit-fils de Louis XIV, réclamer son héri- « tage et relever l'honneur du pays, eût trouvé un grand nombre de partisans, « car le principe du droit de réversion à la couronne en ligne directe était « encore profondément empreint dans les esprits. »

Mais les princes de la Maison d'Anjou, dit-on encore, sont étrangers ? Henri IV n'était-il pas roi de Navarre lorsque sa naissance l'appela au trône de France ? La situation est identiquement la même. Henri III aussi avait été roi de Pologne. Le prince Louis-Napoléon, acclamé naguère empereur des Français par sept millions de suffrages, n'était-il pas fils du roi de Hollande ? D'ailleurs, quelle nationalité auraient donc maintenant ces princes ? Ne sont-ils pas exilés d'Espagne, de Naples, de Parme ? où veut-on qu'ils revendiquent une place, si ce n'est en France ? Comprend-on la descendance directe de Louis XIV n'étant même plus française !

Nous ne parlons de tout ceci qu'au point de vue historique.

aussi, hélas ! grâce aux circonstances — obligés de voter pour des orléanistes ou de ne pas voter..

N'est-il pas triste de penser que si notre département, comme c'est probable, arrive à faire passer une liste réactionnaire, c'est en faveur de la Monarchie bâtarde qu'on verra cette liste se produire ? Au lendemain du vote, on pourra bien dire qu'on a gagné la bataille ; mais aura-t-on le droit de se réjouir ? En vue de quel avenir et pour quelles fins politiques la victoire aura-t-elle été obtenue (1) ?

Il y a, dans ce seul fait, un douloureux enseignement. Seuls, les départements *blancs*, comme on les appelait jadis — et Maine-et-Loire est de ce nombre — pourront sans doute faire passer des candidats anti-républicains, et c'est pour le plus grand honneur de la politique tricolore que ce succès va se produire (2).

Cet enseignement devient plus significatif encore si l'on veut bien remarquer que M. le comte de Paris, auquel s'étaient ralliées d'abord quelques hautes personnalités royalistes qui n'en sont plus à leur premier regret, ne donne en ce moment satisfaction — encore moins confiance — à personne. Il laisse plutôt le champ libre aux intrigants du centre gauche, qui ont évidemment un but secret. Comprenant que la restauration de M. comte de Paris est en ce moment impossible et qu'ils seraient d'ailleurs obligés, sous le règne de ce prince, de partager le pouvoir avec les hommes du centre droit, ces derniers n'auraient d'autres visées, paraît-il, que la nomination par une Chambre plus modérée de M. le duc d'Aumale à la prési-

---

(1) La politique de l'orléanisme a toujours été de prolonger l'exil du Roi, afin d'usurper le trône, disait dernièrement M. Véran. C'est ainsi seulement qu'on explique le mauvais vouloir mis par les princes d'Orléans à toutes les tentatives de rapprochement vrai, tentées par la grande âme d'Henri V. C'est ce qui explique aussi comment, jamais, depuis la fameuse entrevue de Frohsdorff, M. le comte de Paris n'a cherché à se rapprocher du chef de la Maison de France.

(2) D'après tous les calculs faits jusqu'ici, calculs basés sur les derniers scrutins connus, il n'y aurait de succès probable pour les listes anti-républicaines — en dehors de quelques succès partiels — que dans sept départements. Est-il besoin de les nommer ?

dence de la République. Celui-ci deviendrait une sorte de
Sthatouder à vie qui leur permettrait de mettre en pratique
le régime cher à leur cœur : la Monarchie constitutionnelle
sans monarque. De là, les théories de M. Hervé en faveur
de cet assentiment populaire, qu'on obtiendrait d'abord pour
M. le duc d'Aumale plus facilement que pour son neveu.

Lorsqu'on pense à ce résultat possible, les vrais consciences royalistes se soulèvent ; et, certes, les tombes de
nos cimetières d'Anjou se dresseraient, si nos morts pouvaient en sortir, ne fût-ce que pour protester contre de
pareils compromis.

Mais ceci nous éloigne par trop de notre sujet. Revenons
aux élections.

Jamais, en Maine-et-Loire, on n'a aimé la République.
1848 y avait laissé d'assez tristes souvenirs ; 1871 n'en a
guère laissé de meilleurs. On s'était bien rallié, sous le
second empire et dans certains milieux, au gouvernement
établi — mais sans enthousiasme.

Les élections de 1871 prouvèrent assez que l'esprit politique du département était loin d'être favorable à cette
même République. La liste réactionnaire l'emporta haut la
main, et ce furent, malheureusement en grande partie, les
amis de M. de Falloux qui triomphèrent. Les noms qui sor-
tirent alors des urnes électorales furent ceux de MM. Beulé,
de la Bouillerie, Chatelin, de Cumont, Delavau, Durfort de
Civrac, Joubert, de Maillé, Mayaud, Montrieux et Richard.

Cette liste, où toutes les nuances de l'arc-en-ciel politique
— hormis le rouge pur — se trouvaient représentées, était,
au fond, « fusioniste, » comme on disait alors. Si trois ou
quatre noms, qu'il est bien inutile de relever, y représen-
taient la légitimité chère au cœur de l'Anjou, beaucoup
d'autres n'avaient de signification que dans le sens de cet
opportunisme monarchique qui a fait bien plus de mal
à la France, hélas ! dans des temps rapprochés de nous,
que le fameux opportunisme de gauche qui nous accable
aujourd'hui.

De là — de cette malheureuse date de 1871 — provient
la décadence politique du département de Maine-et-Loire.

On y resta bien catholique ; on n'y fut plus royaliste dans le vrai sens du mot. La mort à jamais regrettable de M. le comte de Chambord vint porter ensuite le dernier coup au dévouement chevaleresque de notre province. Les uns se rallièrent affolés, les autres par nécessité ; certains par ambition. Aucun, hélas ! n'a plus la foi. En Maine-et-Loire, comme dans beaucoup d'autres départements jadis réputés royalistes, l'idée monarchique agonise. Pourquoi ? Parce que le vrai royalisme a abdiqué. En faveur de qui a-t-il abdiqué ? En faveur de cet orléanisme cauteleux qu'il a toujours combattu. Grâce à qui ce triste résultat a-t-il été obtenu ? Grâce aux hommes de la demi-droite, qui toujours ont entendu prêcher, dans un pays de véritable ardeur, la politique de concession — celle de temporisation, d'effacement, de compromis, de demi-mesures — qui nous a amenés où nous sommes.

En effet, la plupart de ces élus de 1871, qui surgirent alors de terre pour le plus grand malheur du parti de l'ordre en général et des royalistes ou des catholiques de Maine-et-Loire en particulier, commencèrent par se soustraire à leur principale mission. Nommés pour protester contre l'établissement du régime républicain, ils s'empressèrent sinon d'accepter la République, du moins de la servir — de s'en servir — et jetèrent ainsi le plus grand désarroi dans une contrée jusqu'ici inféodée aux vraies idées chrétiennes.

Force a bien été alors d'aller chercher des candidats dans les rangs des hommes de la demi-droite, de la demi-gauche et de l'Empire. Peut-on espérer que ces personnages s'entendront ? Oui et non : oui, pour faire une liste ; non, pour rédiger franchement un programme.

Ce fut alors que M. Thiers aidant, je le répète, on fit prendre au peuple français des vessies pour des lanternes, et qu'on lui persuada qu'il était devenu républicain. Rien n'était moins exact, en Maine-et-Loire comme ailleurs. Cependant tout le monde — ou à peu près — tant qu'on fut en place, tant qu'on fut « conservé » dans ses situations, tant qu'on fut quelque chose dans l'Etat, cria : Bravo ! faiblement, mais enfin le cria. La République n'était-elle pas le gouvernement qui nous divisait le moins ?

En vain des fâcheux voulurent-ils crier : Gare ! au nom des principes, au nom de la Monarchie. On les traita d'hommes d'un autre temps, presque de factieux, et tout fut dit. M. X... ne restait-il pas maire de sa ville, de sa commune ? M. Y... n'était-il pas encore le représentant de son canton au conseil général ? M. Z... n'avait-il pas toujours l'honneur d'être préfet ? Il n'y avait pas jusqu'à MM. A..., B..., C..., D... et autres qui ne fussent encore sur leurs siéges de magistrats, parfaitement heureux et contents.

Vint le maréchal de Mac-Mahon. Les populations de l'Anjou, comme celles de beaucoup d'autres départements réputés conservateurs, battirent des mains. Au fond il était orléaniste, le Maréchal, tout le monde le savait. Il n'y avait pas de danger qu'il restaurât l'Empire, contre lequel il avait une dent depuis la guerre. On était tranquille. On cria itérativement et faiblement toujours : Vive la République ! Au fond on n'avait qu'un désir — dans le monde conservateur — la renverser. Mais comme MM. A..., B..., C..., jusqu'à Z... cette fois, étaient toujours en place, on trouvait que les impérialistes ou les légitimistes qui voulaient batailler faisaient preuve de trop d'ardeur, que leurs revendications étaient inopportunes et prématurées, et qu'il n'y avait qu'une chose à faire, se serrer à l'envi derrière le grand sabre de bois du maréchal de Mac-Mahon, duc de Magenta. Excellent régime d'attente.

Pendant ce temps tout se désorganisait dans nos administrations, nos conseils locaux et départementaux. Une foule de créatures de M. Thiers — toujours des orléanistes — se glissaient dans les meilleurs postes, et une fois installés trouvaient la place bonne, si bien que le jour où le Maréchal tomba, beaucoup ne se décidèrent pas à tomber avec lui et devinrent — pour de bon cette fois — tout-à-fait républicains.

La fable de la *Lice et sa compagne* une fois de plus mise

en comédie et bien jouée, la France entière s'éveilla un beau matin aux élections qui suivirent le renvoi du Maréchal (lequel avait cependant bien dit : J'y suis, j'y reste !) avec des députés de la valeur et de l'importance de ceux que vous savez. Or, cette brave France, loin de se repentir, a toujours voté depuis lors, de plus mal en plus mal — au point de vue conservateur s'entend — peuplant ainsi le conseil général de médiocrités, nos conseils municipaux et d'arrondissements de nullités, et mettant en vue aux affaires, au pinacle, des hommes qui, franchement, même à gauche, ne peuvent être tenus pour des aigles.

C'est donc avec cette armée plus ou moins débandée que les conservateurs vont soutenir la lutte aux élections prochaines. Essayons de voir de quel côté iront les gros bataillons dans notre département : si c'est à droite, si c'est à gauche ?

IV.

Les candidats probables.

D'abord, y aura-t-il plusieurs listes ?

Evidemment oui.

Y aura-t-il une liste républicaine et une liste anti-républicaine ? C'est tout aussi évident.

Les socialistes ou anarchistes, collectivistes, intransigeants — de quelque nom qu'on les appelle — entreront-ils en ligne ?

N'y aura-t-il pas une liste radicale républicaine différente de la liste opportuniste ?

Les abstentions seront-elles nombreuses ?

Angers et les autres villes feront-elles la loi au reste du département ?

Toutes ces questions méritent d'être tranchées ; nous allons tout au moins les étudier.

Bien qu'on ait maintenant le scrutin de liste (c'est-à-dire qu'on ait à voter pour un certain nombre de noms à la fois pour tout le département, au lieu d'avoir à élire un seul député par arrondissement), il est probable qu'on sera d'accord aussi bien à droite qu'à gauche pour tenir compte de la représentation de chaque arrondissement. Peut-être bien les socialistes, s'ils donnent, ne tiendront-ils pas compte de cet arrangement après tout légitime. Mais leur nombre ne sera jamais assez fort — cette fois du moins — pour faire passer un seul de leurs candidats.

Il n'y aura pas qu'une seule liste de gauche. Il y en aura deux. Pourquoi ? parce que, si disposé que l'on soit dans le bord républicain à bien s'entendre, il est évident pour tout le monde qu'il se trouvera toujours des gens avec lesquels on ne pourra jamais s'entendre.

Il y aura donc une liste opportuniste et une liste radicale.

Ces deux listes, au dernier moment, fusionneront-elles ? Cela se verra probablement si les socialistes ou les radicaux réunissent au premier tour de scrutin, comme c'est bien possible, quelques milliers de voix. Angers, en effet, et encore Saumur et Baugé, auront une grande influence dans l'élection qui se prépare. C'est l'inconvénient du scrutin de liste, dans les départements où il y a de grandes villes ; elles écraseront évidemment la campagne. Si les opportunistes ont moins de voix que les autres, on fera certainement une cote mal taillée. On sacrifiera deux ou trois noms de la liste opportuniste et on les remplacera par des noms radicaux. Mais le succès final, croyons-nous, restera toujours à la liste réactionnaire.

Passons maintenant à cette liste des conservateurs. Il y en aura une certainement, bien que son enfantement total paraisse encore en ce moment devoir être assez laborieux. Mais enfin, elle verra le jour.

Cette liste sera-t-elle franchement anti-républicaine ou seulement réactionnaire ? J'ai déjà posé la question et je n'ai pas osé la résoudre. J'incline à penser qu'elle sera simplement réactionnaire. Pourquoi ? parce qu'il faudrait montrer patte bleue ou patte verte, et que personne ne voudra le faire.

Les hommes de la droite pure, les anciens légitimistes non convertis, qui toujours étaient prêts à mettre flamberge au vent, et qui ont trop souvent joué le rôle de Cassandres inécoutées dans nos contrées, resteront chez eux. Ont-ils assez averti, ceux-là, les conservateurs de ce qui leur arriverait! On n'a pas voulu tenir compte de leurs doléances ; ils se retirent de la lutte ; ils font bien.

C'est très bien ; mais on a le droit de se demander quel régime établiraient ces messieurs et leurs congénères, si par impossible ils triomphaient dans beaucoup de nos départements? Nous rentrerions dans la phase heureuse de l'union conservatrice et du 16 mai? Les uns, bonapartistes fidèles, les autres, orléanistes avoués, fussent-ils 300 à la nouvelle Chambre, n'auraient toujours pas raison des 390 républicains de toutes les nuances qui leur tiendraient tête. Nous n'entendons nommer ici personne. Tant de noms sont mis, dès aujourd'hui, en avant, qu'il serait bien difficile de se prononcer sur les chances respectives que chacun d'eux peut avoir d'être définitivement choisi. Ce qui est positif, c'est que le département de Maine-et-Loire va jouer, nous le craignons fort, à qui perd gagne.

VI.

Conclusion.

Nous pensons donc et nous pensons fermement que les élections, hormis dans notre département et dans six ou sept autres encore, seront républicaines. Non pas, je le répète, parce que la France est devenue si fort que cela républicaine, mais parce que les représentants des anciens partis ne s'entendant que sur un point, le renversement de la République, n'ont plus, cette foi, cette ardeur, cet entrain qui firent longtemps la force de nos luttes politiques. Malgré le discrédit dans lequel est tombée la République, nous ne voyons personne en ce moment en état de lui tenir tête, encore moins de la remplacer.

C'est par un relèvement total dans les idées, dans la manière d'envisager le passé, dans l'éducation morale des enfants, dans l'application des principes religieux et sociaux

que la France pourrait renaître. Demander tout cela en
ce moment est impossible. Il n'y a que l'excès du mal qui
ramènera peut-être un jour un franc retour au bien. Ce
n'est pas, toutefois, en amnistiant le coup d'Etat et en
reprenant les errements de 1830 qu'on arrivera au résultat. Vouloir faire de simples replâtrages est aujourd'hui
folie ; et j'ai peur que la plupart des candidats de la liste
réactionnaire ne veuillent — et ne puissent, en ce moment — faire que des replâtrages. Comment jugerait-on des
pompiers qui, venus de points divers et faisant jouer simul-
tanément une pompe, se serviraient pour la remplir d'une
eau plus ou moins saturée de pétrole ? Le pétrole, pour
nous, c'est la Révolution. On ne veut pas le voir ; tant pis !

Que les impérialistes se fassent encore illusion et qu'ils
essaient de reconstituer ce pouvoir plébiscitaire qui peut
un instant séduire les masses, on le comprend. Mais que les
orléanistes espèrent une minute reconstituer la Monarchie
avec M. le comte de Paris, c'est ce qui nous paraît un véritable rêve. Comment ! vous aviez un prince hardi, généreux,
entreprenant, loyal, qui comptait derrière lui des dévoue-
ments, des sympathies, des admirations accumulées depuis
cinquante ans et plus; vous n'avez pu rien faire avec ce
prince modèle, messieurs les conservateurs, et vous auriez la
pensée de vaincre maintenant la Révolution avec l'arrière-
petit-fils de celui qui a décapité la Royauté, et le petit-fils de
celui qui l'a ramenée une fois de plus, cette Révolution, sur
notre malheureux pays ? C'est tenter le plus triste jeu !
Vous ne gagnerez pas la partie.

La France est perdue. Je le crois, je le crains. Elle a tenté
Dieu. Dieu lui a fait toutes les avances ; elle les a repous-
sées.

Il n'y a plus, en ce moment, d'autorité dans le vrai sens
du mot. Tout le monde veut commander, personne ne veut
obéir. Aussi n'y a-t-il pas davantage de liberté, dans le
sens également réel du mot.

C'est un singulier régime que celui que nous avons: régime où personne n'est content, où chacun se plaint, s'envie, se jalouse, et où tout le monde se regarde de travers. Nous n'avons pas de gouvernement ; nous avons la caricature d'un gouvernement.

Les grands coupables, après tout — il faut bien le dire, puisque nous avons promis de parler ici sincèrement — sont les gens des hautes sphères, les conservateurs, « les jouisseurs » qui, élevés à l'école de l'Empire et du gouvernement de Juillet, n'ont pas su reconnaître que depuis les évènements de 1870 surtout ils faisaient fausse route.

On rit de nous, à l'étranger. Il ne saurait en être autrement, puisque nous rions de nous-mêmes en France.

Notre situation, cependant, n'est pas plaisante du tout.

Certes, un pays comme la France ne disparaît pas en un jour de la carte du monde. Il s'écoulera bien des années encore, peut-être un demi-siècle — peut-être plus, peut-être moins — avant que notre pays se relève ou ait le sort des empires disparus. A moins d'un miracle, c'est ce dernier sort qu'il aura ; or, nous sommes dans un temps où l'on ne croit plus guère aux miracles.

Toutefois, ma pensée — celle de cet opuscule — doit être finalement résumée d'une façon grave ; la voici :

J'AI UN TEL DÉGOUT DE TOUT EN POLITIQUE, UN TEL MÉPRIS POUR LE PRÉSENT ET POUR L'AVENIR IMMÉDIAT, UNE SI FERME PERSUASION QUE LES HOMMES, DÉSORMAIS, PRIS ENSEMBLE — ET CELA POUR LONGTEMPS — SERONT PITOYABLES, QUE JE ROUGIS D'USER MES DERNIÈRES ANNÉES A TRAVAILLER A L'ÉTABLISSEMENT D'UN SYSTÈME PLUTOT QUE D'UN AUTRE.

FIN

Imprimerie coopérative de Reims, rue Pluche, 24 (N. Monce, dél.)